Empleos Tormentosos   Ismael Bello

Empleos Tormentosos
Cómo Identificarlos y cómo salir de ellos

Ismael Bello.

Empleos Tormentosos   Ismael Bello

© Empleos Tormentosos.

Ismael Bello

Derechos Reservados

© 2019 Amazon, Inc.

ISBN: 9781095461853

Sello: Independently published

1ª edición revisada

Impreso por Amazon

Prohibida la reproducción parcial o total.

Empleos Tormentosos					Ismael Bello

A mi familia y a todos mis amigos por darme el apoyo para culminar este proyecto.

Empleos Tormentosos   Ismael Bello

Agradecimientos

Primeramente a Dios por darme la sabiduría y la fuerza para escribir este libro.

A todas las personas que se encuentran en situaciones realmente críticas, muchas de las cuales se encuentran aquí escritas, tal como me las contaron. Su vida laboral fue la inspiración para este proyecto. A todos ello, gracias.

A mi esposa Edith que me ha acompañado en la realización de este proyecto, así como también a familiares y amigos que estuvieron pendientes de este material. Y sobre todo a usted querido lector por haber adquirido este libro.

Empleos Tormentosos   Ismael Bello

Índice

Prólogo. 11

Capítulo I. El Empleo Tormentoso. 15
    Consecuencias de los Empleos Tormentosos. 18
    La Psicosis. 20
    La Depresión. 21
    La Ansiedad. 23
    Trastorno por Estrés Postraumático. 25
    El Estrés y el Agotamiento. 26
    Trastornos Cognitivos. 30
    Karoshi: Muerte por Exceso de Trabajo. 30
    Estudios de Estrés Laboral 33

Capítulo II. Identificación de un Empleo Tormentoso 37

Capítulo III. Cómo Salir de un Empleo Tormentoso. 53
    Claves para Salir de un Empleo Tormentoso. 59

Capítulo IV. Recomendaciones para Mejorar la Calidad de Vida. 63

Notas Finales. 71

Bibliografía 75

Acerca del Autor 77

Empleos Tormentosos   Ismael Bello

Prólogo

Realmente vivimos en una sociedad que está estructurada entorno al empleo, al trabajo, a la labor diaria. Y es justo decir, que hay muchas personas que disfrutan y gozan de su trabajo, se divierten, se entretienen y están felices con él.

Pero, hay una gran cantidad de personas que no se sienten a gusto con el empleo que tienen o el trabajo que desempeñan, manifiestan que se sienten estresados, de mal humor, no les gusta su sitio de trabajo y lo que es peor se inventan miles de excusas para no ir a trabajar, pero, cuando ya no les queda más remedio, vuelven con el mismo deseo: salir rápido y no volver hasta el otro día, y si es posible no volver más.

Estas personas se encuentran en una de estas dos situaciones:

a) Están en una empresa, corporación o institución que no cumple con sus expectativas, sus metas o sus perspectivas de vida.

b) están en un empleo tormentoso.

Y del punto b) trata este libro, del Empleo Tormentoso, cuales son las características de este tipo de empleo, que hacer para salir de él, saber si te encuentras en un empleo tormentoso, pasos a seguir para que te sientas a gusto con lo que haces.

Lea este libro despacio, con calma, detállelo, léalo y analícelo, piense si lo que aquí está escrito tiene que ver con usted o con alguien que conozca. Es importante que aunque nosotros no nos encontremos en una o varias de estas situaciones, hay personas que conocemos que pueden estarlo y es allí donde nosotros vamos a influir para ayudarlos a salir de ese empleo tormentoso, o por lo menos guiarlo y asesorarlo para que tenga idea de donde se encuentra.

Gracias por adquirir este libro y que sea de gran ayuda para usted y muchas personas.

ISMAEL BELLO.

Empleos Tormentosos   Ismael Bello

Capítulo I. El Empleo Tormentoso.

Como se explicó en el prólogo, el empleo tormentoso es el empleo en el que te encuentras realizando las actividades que te gustan, pero tus superiores no están satisfechos con lo que haces, (así lo hagas muy bien), siempre va a existir un motivo para tal insatisfacción.

También puede ser el empleo que tienes y que te gusta por su estatus o gran calidad, pero donde siempre estás recibiendo insultos y regaños porque no le caes bien a las personas de la gerencia.

También es aquel empleo en el que las equivocaciones y los errores no son permitidos por ningún concepto porque eso amerita tu suspensión o amonestación, tu descuento de salario, la eliminación de bonos o hasta el despido.

También es aquel en el que no puedes hacer reuniones o sonreír con tus compañeros durante la jornada de trabajo porque ya es motivo de conspiración, de querer formar un sindicato o querer hacerle competencia a través de una empresa paralela que quieres formar (solo en su mente, porque a ti ni siquiera se te había ocurrido esa idea).

O puede ser aquel donde te encuentras por necesidad. Eres mal pagado, cumples con todas tus obligaciones, pero no encuentras otro empleo que satisfaga tus necesidades.

O (para cerrar con broche de oro), es ese empleo que te gusta la actividad que haces, pero, que lamentablemente tu alrededor no es el apropiado para que te desempeñes con mayor efectividad.

Estoy seguro amigo lector que si usted compró este libro es porque se encuentra en una de las situaciones descritas o porque conoce a alguien que está en alguno de los casos que se detallaron. Y déjeme decirle que si usted está en alguna de las situaciones que mencioné es hora que reaccione y recapacite, que se sienta a pensar un momento en su situación y trate de salir de ella y si no puede por un o distintos motivos, busque la ayuda que requiera para que logre superar lo que está pasando.

Dave Arnott en su libro "El Culto a la Empresa" señala que: "hay empresas que prosperan haciendo a sus trabajadores adictos al trabajo. Estas empresas valoran a las personas no por lo que son, sino por lo que hacen, la identidad se va transformando: tu identidad es tu rendimiento en la compañía". Las empresas van convirtiendo el lugar de trabajo en el hogar del empleado.

Existen empresas que supuestamente velan por el bienestar del empleado. Sin embargo, si éste no se siente bien, difícilmente la empresa lo asumirá. El malestar revela que algo pasa en el empleado, no en la organización. En palabras de Arnott: "algunas empresas no toleran a las personas que no están bien, porque eso indicaría que hay algo malo en la organización."

Consecuencias de los Empleos Tormentosos.

Los empleos tormentosos son peligrosos para la salud, muchas personas no logran salir de estos empleos y terminan muriendo de estrés; de paros respiratorios; de paros cardíacos; de presión arterial; de suicidios y pare usted de contar. Los que logran salvarse sufren de estrés continuo, desmayos,

Empleos Tormentosos   Ismael Bello

subidas y bajadas de tensión, accidentes cerebros vasculares (A.C.V.), dolores en todo el cuerpo o partes de él (sobre todo en cabeza, cuello y espalda), insomnio, pesadillas, falta de apetito, desánimo y otras enfermedades de índole emocional.

Está demostrado que los empleos tormentosos son causa de separaciones de las parejas, de peleas entre compañeros, de impotencia en el hombre, de alteraciones en el sistema nervioso y de cambios de humor continuo.

Para que usted tenga una referencia de lo que se está exponiendo aquí, observe y analice estos casos puntuales que generan los empleos tormentosos. Información obtenida de la Enciclopedia de Salud y Seguridad en el Trabajo de la Organización Internacional del Trabajo (O.I.T.)

La Psicosis.

Aunque la información y la investigación empírica sobre las psicosis relacionadas con el trabajo son muy escasas, varios investigadores han observado relaciones entre los factores psicosociales del entorno laboral y la angustia psicológica.

Se ha comprobado que factores estresantes psicosociales importantes propios del empleo, como la ambigüedad de las funciones, los conflictos de funciones, la discriminación, los conflictos entre supervisor y supervisado, la sobrecarga de trabajo y el entorno en que éste se desarrolla se asocian a una mayor propensión a las enfermedades relacionadas con el estrés, a la impuntualidad y al absentismo, al rendimiento escaso, a la depresión, a la ansiedad y a otras formas de sufrimiento psicosocial.

La Depresión

La depresión es un tema de enorme importancia en el campo de la salud mental en el trabajo, no sólo en lo que concierne al impacto que puede tener en el lugar de trabajo, sino también al papel que el lugar de trabajo puede desempeñar como agente etiológico del trastorno.

Manifestaciones.

Todo el mundo se siente triste o "deprimido" de vez en cuando, pero un episodio de depresión mayor debe cumplir varios criterios, entre los que se destacan los siguientes:

1. Estado de ánimo deprimido durante la mayor parte del día, casi todos los días.

2. Notable disminución del placer o interés en todas o casi todas las actividades la mayor parte del día, frecuentemente.

3. Aumento o pérdida significativa de peso sin seguir ningún régimen, o disminución o aumento del apetito.

4. Insomnio o hipersomnio con mucha frecuencia.

5. Agitación o retraso psicomotores durante la ejecución de sus actividades.

6. Fatiga o pérdida de energía.

7. Sentimientos de inutilidad excesivos o inadecuados de culpabilidad.

8. Disminución de la capacidad para pensar o concentrarse, o indecisión.

9. Ideas de muerte recurrentes, ideas de suicidio frecuentes, con o sin un plan específico, o intento de suicidio.

La Ansiedad

Los trastornos por ansiedad, al igual que el miedo, la preocupación y los trastornos relacionados con el estrés asociado, como el insomnio, parecen mostrar una prevalencia cada vez mayor en los centros de trabajo en el decenio de 1990.

Los recortes de plantilla, la amenaza a los derechos adquiridos, los despidos, los rumores de despido inminente, la competencia a nivel mundial, las reestructuraciones, adquisiciones, fusiones y otras fuentes de confusión organizativa han erosionado la sensación de seguridad laboral de los trabajadores y han contribuido a crear una "ansiedad relacionada con el trabajo" evidente, aunque difícil de medir.

Los síntomas de trastorno por ansiedad generalizada comprenden "inquietud o sensación de estar en tensión o al borde de un ataque de nervios", fatiga, dificultades para concentrarse, tensión muscular excesiva y alteración del sueño.

Parece probable que exista una mutua influencia de los factores organizativos relacionados con el trabajo y los propiamente personales, y que esta interacción determine la aparición, progresión y evolución de estos trastornos.

Estos factores pueden ser una carga de trabajo abrumadora, el ritmo de trabajo, los plazos y una falta percibida de control personal.

Trastorno por Estrés Postraumático.

Gran parte de la investigación realizada acerca del estrés laboral se refiere a los efectos de la exposición prolongada a los estreses propios del trabajo, y no a los problemas asociados a acontecimientos específicos, como una lesión traumática o con riesgo para la vida o la observación de un accidente industrial o un acto de violencia.

El trastorno por estrés postraumático afecta a las personas que se han visto expuestas a accidentes o situaciones traumatizantes.

Prevención de las reacciones de estrés postraumático después de incidentes traumáticos en el lugar de trabajo.

Cualquier cambio de comportamiento incluyendo un aumento del absentismo, ó incluso un aumento importante de las horas de trabajo (adición al trabajo) puede ser una señal.

Todo plan de respuesta a crisis debe incluir la formación de directivos y profesionales sanitarios para que se mantengan alerta ante estos signos, de forma que la intervención se lleve a cabo lo más precozmente posible.

El Estrés y el Agotamiento.

La naciente economía mundial exige prestar una atención científica seria a los descubrimientos que favorecen el aumento de la productividad humana en un mundo laboral siempre cambiante y tecnológicamente perfeccionado. Los cambios económicos, sociales, psicológicos, demográficos, políticos y ecológicos que tienen lugar en todo el mundo nos obligan a evaluar de nuevo los conceptos de trabajo, estrés y agotamiento en la población activa.

Uno de los conflictos que pueden surgir entre el individuo y el mundo del trabajo es la exigencia al trabajador que ocupa su primer empleo de una transición desde el egocentrismo de la adolescencia a la subordinación disciplinada de las necesidades personales a las demandas del puesto de trabajo.

Para poder seguir tratando del estrés relacionado con el trabajo, es preciso definir este término, tan utilizado en la bibliografía de las ciencias del comportamiento. El estrés supone una interacción entre la persona y el medio ambiente de trabajo.

Existe potencial de estrés cuando una situación del entorno se percibe como una demanda que amenaza superar las capacidades y recursos de la persona para satisfacerla.

El agotamiento es una forma de estrés. Es un proceso definido como una sensación de deterioro y cansancio progresivo con eventual pérdida completa de energía. También va acompañado a menudo por una falta de motivación, un sentimiento que sugiere "ya basta, no más".

Muchas veces no es percibido por la persona más afectada, que es la última en creer que el proceso se está produciendo.

Los síntomas del agotamiento se manifiestan a nivel físico como alteraciones del sueño, fatiga excesiva, trastornos gastrointestinales, dolores de espalda, cefaleas, distintos procesos cutáneos o dolores cardíacos vagos inexplicables.

Los cambios mentales y del comportamiento son más sutiles. El agotamiento se manifiesta a menudo por una facilidad para la irritación, problemas sexuales (impotencia, frigidez), empeño en encontrar defectos e ira.

Otros signos afectivos y del estado de ánimo pueden ser pérdida de la confianza en sí mismo y menor autoestima, depresión, grandes oscilaciones del estado de ánimo e incapacidad para concentrarse o prestar atención. A lo largo del tiempo, la persona contenta se hace malhumorada, la afectiva se vuelve silenciosa y distante y el optimista se convierte en pesimista.

Ninguna discusión sobre el agotamiento estaría completa sin una breve referencia al cambiante sistema familia-trabajo. "Las familias pugnan por sobrevivir en un mundo cada vez más complejo".

Trastornos Cognitivos.

Los trastornos cognitivos se definen como un deterioro significativo de la capacidad del individuo para procesar y recordar la información.

El trastorno por amnesia se define por una alteración tal de la memoria, que los afectados no pueden aprender ni recordar la información nueva, si bien no representan ningún otro deterioro asociado de la función cognitiva.

Ciertas investigaciones sugieren que los factores profesionales podrían influir en la probabilidad de sufrir las múltiples deficiencias cognitivas que constituyen la demencia.

Karoshi: Muerte por Exceso de Trabajo.

¿Qué es el karoshi?

Karoshi es una palabra japonesa que significa muerte por exceso de trabajo. Este fenómeno fue reconocido inicialmente en Japón, y el término ha sido adoptado en todo el mundo.

Uehata (1989) utilizó la palabra karoshi como término médico social que comprende los fallecimientos o incapacidades laborales de origen cardiovascular (como accidente cerebro vascular, infarto de miocardio o insuficiencia cardíaca aguda) que pueden producirse cuando el trabajador con una enfermedad arteriosclerótica hipertensiva se ve sometido a una fuerte sobrecarga de trabajo.

Uehata, llegó a la conclusión que los afectados eran fundamentalmente varones con horarios de trabajo muy prolongados y otras sobrecargas generadoras de estrés, y que estos estilos de trabajo exacerbaban sus otros hábitos de vida y originaban los ataques, desencadenados en última instancia por pequeños sucesos o problemas laborales.

Esta información que acaba de leer es solo referente a enfermedades mentales, pero, como se dijo al comienzo, las enfermedades causadas por empleos tormentosos pueden ser en: el aparato digestivo; el sistema musculosquelético; el sistema nervioso; el sistema renal y urinario; el sistema reproductor; el aparato respiratorio; los órganos sensoriales y/o la piel. Dichas enfermedades las puede encontrar de forma detallada en la Enciclopedia de Salud Y Seguridad en el Trabajo de la O.I.T.

Y para cerrar este capítulo quiero que observe los siguientes estudios realizados por la Universidad de Chile en base al O.S.I. (Indicador de Estrés Laboral por sus siglas en inglés).

Observe todos los cuadros y resultados de las siguientes páginas, y piense en cuál de estos se encuentra usted o alguien que usted conozca.

Estudios de Estrés Laboral.

<u>Características de la muestra</u>. La muestra fue heterogénea y estuvo constituida por 264 gerentes de empresas de servicios del sector privado de Santiago de Chile (119 mujeres, 45%; 145 hombres, 55%), con distintos niveles de responsabilidad (Tabla 1). La edad de los participantes estuvo distribuida entre 25 y 65 años de edad. El 75% declaró estar casado y 80% tener hijos.

Tabla 1. Características de la muestra por niveles.

Niveles de trabajo	n	%
Gerencia General	34	13,2
Gerencia Superior	82	31,8
Mandos Medios	132	51,1
Otros	16	4,9
Total	264	100

Tabla 2. Mayores fuentes de tensión laboral.

Situación	% acumulado
Descender de cargo o trabajar a un nivel inferior al de mis habilidades (CO)**	54,5
Guía y respaldo inadecuado de mis superiores (SSL)	50,8
Implicaciones de los errores cometidos por usted (RG)	49,7
Estar sub-valorado (CO)	48,7
Incapaz de "desconectarse" en la casa (CL)	48,5
Tener que adoptar un papel negativo, como despedir a alguien (RG)	48,1
Ausencia de estabilidad/confiabilidad en la vida del hogar (BC/T)	46,6
Tener una carrera a expensas de la vida de hogar (BC/T)	46,6
Falta de consulta y comunicación (SSL)	46,5
Sentimiento de aislamiento (CO)	33,0

Tabla 3. Diferencias de manifestaciones de estrés.

	Hombres		Mujeres		Significación
Sat. laboral	51,87	(9,15)	50,86	(10,1)	ns
Salud mental	49,72	(8,35)	48,44	(9,78)	ns
Salud física	27,90	(5,89)	25,08	(7,06)	$p < 0,001$
Síntomas	1,40	(0,89)	1,86	(1,13)	$p < 0,001$

*Promedio (desviación estándar)

Tabla 4. Porcentaje de personas con altas manifestaciones de estrés

Síntomas	Grupo Alto estrés		Grupo Bajo estrés	
	Más de una vez a la semana	Más de tres veces a la semana	Más de una vez a la semana	Más de tres veces a la semana
Dolores de espalda o cintura	41,9	19,4	14,3	3,2
Dificultad para dormir	37,1	19,4	12,9	8,1
Dolor muscular en cara, cuello o brazos	34,9	20,6	14,5	6,5
Disminución del deseo sexual	29,0	14,5	13,1	3,3
Dolor de cabeza	27,0	12,7	7,8	3,1
Molestias abdominales	27,0	20,6	14,5	4,8
Estreñimiento o diarrea	25,4	19,0	14,5	9,7
Dolor u opresión en el pecho	22,2	9,5	0	0
Sudor abundante	19,4	14,5	9,7	8,1
Trastornos a la piel	14,8	6,6	6,5	0
Mareo o fatiga	15,9	9,5	3,2	0
Palpitaciones	12,7	7,9	3,2	1,6
Temblor muscular (párpados, labios, etc)	8,1	6,5	1,6	0
Dificultad para respirar	6,5	4,8	6,5	3,2

Empleos Tormentosos   Ismael Bello

Capítulo II. Identificación de un Empleo Tormentoso.

En este capítulo veremos como usted puede identificar un empleo tormentoso, aunque, en el capítulo anterior detallamos cuáles son los empleos tormentosos, usted debe estar alerta a estas situaciones que exponemos aquí, ya que son en realidad los ejemplos más emblemáticos de estos empleos, y además porque puede ser indicio que se encuentre en uno de ellos. Empecemos:

1. El empleo en el que se desempeña, no le está dando dividendos.

Es posible que al iniciar en su empleo le estaban pagando lo que usted pidió o un aproximado a sus exigencias, pero resulta que luego de un tiempo no tuvo más ajustes y entonces usted quedó con el mismo salario del inicio.

2. El empleo en el que se desempeña, no lo toman en cuenta.

Muy común en diferentes empleos, resulta que cuando usted empezó a laborar le dijeron que iba a tener una bonificación por su desempeño y resulta, que luego de tener un tiempo, se dio cuenta que lo habían engañado.

3. En el empleo que se desempeña, lo rotan de departamento constantemente.

Hay empresas que acostumbran este tipo de cambios, cuando lo contratan le dicen que si usted está dispuesto a cumplir distintas obligaciones, y al aceptar, entonces ellos lo rotan constantemente, produciéndose en usted un agotamiento a nivel general.

4. En el empleo que se desempeña está contratado.

Sonará extraño, pero sí, hay personas que al saber que no están fijas en un empleo, la presión los invade, porque no saben qué hacer en caso que los despidan por finalización de contrato, entonces trabajan de más, se estresan y hasta se dejan humillar, tan solo porque son contratados.

5. El empleo en el que se desempeña no le da oportunidad de crecer.

Hay empresas en que la única manera de ascender es, que despidan o que se retire la persona de un cargo, es decir, su posibilidad de ascender es casi nula, y por lo tanto usted permanecerá todo el tiempo que sea posible en el mismo sitio donde empezó. Y además si usted piensa estudiar para obtener más nivel en un área o para seguir escalando profesionalmente en su carrera no lo podrá hacer porque no tiene permiso hasta que cumpla su jornada completa.

6. El empleo en el que se desempeña está bajo presión.

Hay empresas que al contratarlo le dicen que si usted está dispuesto a trabajar bajo presión, pero no le dicen que tipo de presión y con qué frecuencia es, y resulta que cuando usted está trabajando la presión es diaria, no puede comer, ni tomarse su tiempo de descanso, porque usted tiene que culminar su labor y no se puede negar porque al iniciar dijo que estaba de acuerdo.

7. En el empleo que se desempeña no tiene descanso.

Muchas personas trabajan corrido pensando que van ahorrar tiempo adelantando parte del trabajo o la actividad completa sin darse cuenta que se agotan, pierden el apetito y su cerebro empieza a debilitarse por las largas jornadas de trabajo

8. El empleo en el que se desempeña es monótono.

Existen personas que estos empleos le fascinan, se sienten seguros y piensan que es lo mejor que les ha pasado, sin embargo, hay personas que estos empleos los abruman, los fastidian y sobre todo les hace perder el tiempo.

9. El empleo en el que se desempeña le asignan actividades que no le competen.

Hay empresas que obligan a las personas a realizar actividades que no se encuentran dentro de su área u ocupación. Al principio les dicen que es solo una colaboración, pero después quieren que sea rutinario.

10. El empleo en el que se desempeña trabaja más de cuarenta y cuatro horas semanales.

Si este es su caso déjeme decirle que debe ir al médico y hacerse un chequeo general para saber cómo se encuentra. La mayoría de las veces las personas que superan las cuarenta y cuatro horas semanales tienen problemas a nivel general, no tienen tiempo de distracción y esparcimiento, comparten poco o nada con su familia, su salud es delicada y siempre están cansados.

11. El empleo en el que se desempeña tiene más de un jefe.

Hay veces en que existen más de un jefe en las empresas y entonces usted no sabe a quién hacerle caso, provocando un conflicto en su desempeño.

12. El empleo en el que se desempeña es temporal.

Algunos empleos temporales pueden ser tormentosos, porque trabajas con el tiempo encima y debes realizar todas las actividades asignadas en ese período, y sin equivocarte, porque te puede costar el empleo o el pago que ibas a recibir.

13. El empleo en el que se desempeña no es el que a usted le gusta.

Es posible que usted sea informático, pero el empleo que usted consiguió fue de vendedor de productos masivos, y usted como necesitaba el empleo para generar ingresos lo aceptó pensando que podía aprender en el camino o que solo sería temporal, pero que ahora es su empleo fijo y no soporta vender.

14. El empleo en el que se desempeña está lejos de su ciudad.

Cuando usted pidió el empleo le dijeron que no se preocupara que prontamente estarían abriendo una sucursal en su ciudad y que no tendría que viajar todos los días, pero resulta que ha pasado mucho tiempo y nada que abren la sucursal.

15. El empleo en el que se desempeña es mal pagado.

La diferencia de este y el primer caso, es que aquí fue mal pagado desde el inicio, no cumplió con sus expectativas, nunca ha recibido aumento ni beneficios de ningún tipo.

16. El empleo en el que se desempeña no se puede equivocar.

Existen empresas que no toleran que usted se equivoque y rectifique, pues, no le interesa su rectificación o todo el buen desempeño que usted ha tenido en toda su carrera, siempre le estarán recordando su error (así haya sido mínimo) y además lo amonestan, le quitan un día de salario, lo bajan de cargo o lo despiden.

17. El empleo en el que se desempeña lo humillan.

Usted trabaja para una gran corporación o empresa que le da grandes beneficios y un salario respetable, pero, todos los días lo humillan, le dicen que es inepto, que es incompetente, que no merece estar allí, que debería dar paso a otro, que la empresa ha perdido prestigio o credibilidad con usted, le gritan, y usted soporta todo eso por su salario, sus beneficios y/o porque le gusta lo que hace.

18. El empleo en el que se desempeña no puede hablar con sus compañeros ni sonreír.

Hay empresas que tienen esto como norma, porque piensan que usted puede estar; desviando la atención, distrayendo al compañero, conspirando, creando una tertulia, creando un comité de chistes, creando un sindicato, planificando una huelga y otras situaciones que pueden ser perjudicial para la empresa.

19. El empleo el que se desempeña presenta un ambiente no grato.

Le encanta la actividad que realiza, tiene un jefe que le asigna una sola actividad y hasta que no termine no empieza la otra, pero tiene alrededor personas que hablan mal de usted, creen que usted está ganando una fortuna, que usted es amigo del jefe o del dueño de la empresa y se inventan miles de falacias contra usted con tal de que sienta mal y no prospere.

20. El empleo en el que se desempeña no tiene beneficios.

Usted solo cobra un salario por su labor, pero no tiene caja de ahorros, ni pensión, ni seguro social, ni bono de alimentación ni ningún tipo de beneficio.

21. El empleo en el que se desempeña no puede pedir permisos.

Hay empresas que lo tienen como norma preestablecida, así usted necesite: ir al médico porque se siente mal, ir al funeral de un familiar directo o cualquier emergencia que se le presente a usted o su familia. Y si lleva su justificativo de igual manera su día está descontado y no puede repetir ese hecho porque estará despedido.

22. El empleo en el que se desempeña tiene una línea política, religiosa o de cualquier otra índole.

Existen empresas que obligan a sus empleados a seguir lineamientos y si usted no está de acuerdo harán todo lo posible para que renuncie.

23. El empleo en el que se desempeña no es espacioso.

Resulta que usted realiza la actividad que le gusta, pero, que el espacio físico que le asignaron es reducido, entonces, usted trabaja incómodo a destiempo y de mala manera.

24. El empleo en el que se desempeña tiene condiciones inseguras.

El empleo es bueno, trabaja en lo que le gusta, pero el espacio es estrecho, las herramientas no sirven, la silla es muy baja o alta, la mesa tiene una pata rota, tiene poca luz, no posee ventilación o tiene sitios perjudiciales para usted.

25. En el empleo que se desempeña lo acosan.

Este ejemplo se ve muy a menudo, sea usted hombre o mujer. Es más común ver a hombres, llámese jefe, encargado, directivo o dueño de una empresa acosar a sus empleadas, haciéndole propuestas indecentes para aumentarles el cargo o el salario. Pero también se ha visto el caso contrario y por supuesto acosos con los del mismo sexo.

26. En el empleo que se desempeña le montan trampas.

Muchas personas han sido víctimas de este aparataje. Le hacen firmar un documento en blanco o un supuesto bono y cuando se da cuenta lo que firmó es su renuncia o un adelanto de sus prestaciones o sus vacaciones sin haberlas solicitado.

27. El empleo en el que se desempeña no puede tomar las vacaciones cuando las pida.

Este caso se ve muy a menudo. Usted pide sus vacaciones para una fecha estipulada, se la aprueban y firman, pero cuando está cerca a la fecha, le dicen que usted no puede salir porque, no hay a quien colocar en su puesto, que espere un tiempo, que hay que sacar un trabajo y es imprescindible, que usted es personal de confianza y pare usted de contar.

28. El empleo en el que se desempeña es inseguro.

Se da el caso que ha usted lo contratan en un empleo que es riesgoso, el cual usted acepta, porque la empresa le dijo que lo iba a equipar para reducir el riesgo y resulta que luego de empezar a laborar se dio cuenta que lo equiparon a medias o no lo equiparon, pero lo obligaban a realizar la labor y si no lo hacía no le pagaban alegando abandono de trabajo.

29. El empleo en el que se desempeña no puede pedir sus cuentas personales (prestaciones, fideicomiso, utilidades).

Muchas empresas no les permiten a sus empleados que vean sus estados financieros, y eso sencillamente es grave, porque usted tiene todo el derecho de saber que están haciendo con su dinero, porque es suyo y porque usted lo ha ganado con su esfuerzo y trabajo, nada ha sido regalado.

30. Cualquier empleo que tenga y que lo haga sentir mal.

Aquí entra cualquier empleo que usted haya tenido y que no se haya sentido a gusto con él. Es posible que no sea ningún caso de los planteados en este capítulo.

Al final del libro aparecen mis coordenadas de contacto para que me envíe su historia de situaciones por las que ha pasado relacionadas con este tema.

Empleos Tormentosos		Ismael Bello

Capítulo III. Como Salir de un Empleo Tormentoso.

Hay distintas formas de salir de un empleo tormentoso, pero usted debe tomar en consideración algunos aspectos.

Le agradezco que por favor conteste las siguientes preguntas de manera sincera con un **SI** o un **NO**:

1. ¿El empleo que tiene, es el tipo de empleo que a usted le gusta?

2. ¿Es lo único que usted sabe hacer?

3. ¿El salario que cobra está dentro de sus expectativas?

4. ¿Le gusta donde está ubicado el empleo?

5. ¿Tiene posibilidades de ascender o crecer profesionalmente?

6. ¿Presenta un ambiente agradable?

7. ¿Posee grandes beneficios?

8. ¿Trabaja menos de 44 horas semanales?

9. ¿Puede usted decidir cómo hacer la actividad asignada?

10. ¿Puede participar de forma directa en las reuniones de la empresa?

Si todas las respuestas fueron **SÍ**, ¡felicidades! usted se encuentra en un empleo que le gusta y que además satisface sus necesidades.

Ahora si la mayoría de respuesta fue **SÍ**, digamos entre siete y nueve, usted debe pensar bien antes de actuar, que es lo que está bien, que es lo que está mal, que puntos específicos debe mejorar y sobre todo como manejar las situaciones que le incomodan o lo hacen sentir mal.

Le daré estos diez (10) pasos que verá a continuación para que tome los que más le convienen.

1. Hacer que el trabajo juegue a tu favor.
Reserve tiempo en su agenda para distintas actividades, una o dos veces a la semana, y comprométete con ellas como lo hace con su trabajo.

2. No saltear el almuerzo.
Si no cuenta con mucho tiempo, una buena idea es tomar una sopa o comer una ensalada. Además, es bueno consumir alimentos bajos en grasa, como yogurt, que le ayudan a mantener la energía durante todo el día.

3. Tomarse pequeños ratos libres.

Como la tensión puede aumentar rápido, una buena opción es tomarse dos o tres minutos para relajarse cada una o dos horas. La gente que se toma descansos es más productiva en el trabajo.

4. Cambiar de escenario.

Durante la hora de almuerzo, puede ir a un parque, almorzar en un bar o, simplemente, salir a tomar aire.

5. Recordar quiénes somos fuera de nuestro trabajo.

Colgar fotos familiares o poner postales de un viaje sobre su escritorio son formas de conectarse con su vida. El trabajo es una parte de lo que es, pero no todo lo que es, hay más cosas en nuestras vidas lo que nos hace ser quiénes somos. Tome eso en cuenta.

6. Saber decir que no.

Muchas veces las mujeres y los hombres suelen tener problemas poniendo límites porque no quieren decepcionar a la gente que cuenta con ellos. Es bueno preguntarse: ¿Estoy abarcando más de lo que puedo manejar? ¿Mis plazos de entrega son lógicos? Confíe en su intuición.

7. Pedir ayuda.

Seguramente va a querer hacerlo todo por usted mismo, pero saber delegar es bueno y le ahorrará tiempo.

8. Trabajar mejor y no más.

Trate de llevar a cabo con mayor eficiencia las tareas que le estresan más y prométase dejar la oficina todos los días a horario. No se queda trabajando horas extras innecesariamente, la mayoría de las veces los patronos no reconocen el esfuerzo que dedicó a la labor.

9. Hacer planes antes de irse del trabajo.

Use los últimos 30 minutos del día para organizar su escritorio, revisar lo que hizo, y programar las tareas del día siguiente.

10. No se esfuerce por alcanzar la perfección.

A veces es necesario que dé por terminado un proyecto, incluso si no quedó exactamente como quería.

Ahora la contraparte es, si todas sus respuestas o la mayoría de ellas fue **NO**, entonces usted debe buscar la forma de salir de su empleo, debe replantearse su vida, porque el empleo actual lo está atormentando, principalmente a usted, y es posible que a su familia y allegados. Usted y su familia merecen algo mejor, no se limite, debe buscar estrategias que lo saquen del sitio donde se encuentra. Le daré cinco claves para que las tome en consideración

Claves para Salir de un Empleo Tormentoso.

Aquí les daré unas claves que lo pueden ayudar a salir de su empleo tormentoso.

Primera Clave: Haga una lista de todo lo que usted sabe hacer. Debe colocar lo que usted realiza sin ayuda, es decir, la habilidad o habilidades que usted posee y también la que usted realizaría con ayuda, es decir, lo que le gustaría hacer (interés por hacer).

Segunda Clave: Haga una lista de las cosas que no le gustan de su trabajo y coloque al lado una posible solución. De esta manera usted estaría desarrollando su nivel para resolver problemas.

Tercera Clave: Haga lo posible por buscar un nuevo empleo en el que este a gusto y cumpla con sus expectativas. Recuerde que el empleo que usted tiene no es el único empleo que existe y si es el que a usted le gusta, búsquese uno igual, pero en otra compañía, hay muchas empresas que ofrecen el mismo empleo que usted tiene y en el que puede estar mucho mejor que donde está ahora.

Cuarta Clave: Piense en la posibilidad de crear su propio negocio. Con la primera clave usted puede buscar la forma de hacer negocio. Si se decide por esta opción debe evaluar sus ventajas y desventajas.

Entre las ventajas están: usted será su propio jefe, crecerá a medida que crezca su negocio, trabajará en lo que le gusta.

Entre las desventajas están: tardará en obtener las primeras ganancias, debe poseer por lo menos experiencia en lo que va a desarrollar, tiene que idear una estrategia para obtener clientes. Es posible que pierda tiempo y dinero.

Quinta Clave: Si usted desea seguir en el mismo empleo, busque ayude médica en estos tres campos, Psicología, Medicina General y Medicina Cardiovascular. Recuerde lo que se dijo al inicio del libro, las personas que se encuentran en empleos tormentosos tienen problemas de salud.

Es de vital importancia que se haga un chequeo médico con los especialistas en estas áreas y ellos le indicaran si usted debe continuar o no en su empleo. Si es afirmativo le darán una serie de sugerencias para mejorar su vida laboral, si es negativo entonces debe pensar seriamente en las claves aquí sugeridas.

Empleos Tormentosos   Ismael Bello

Capítulo IV. Recomendaciones para Mejorar la Calidad de Vida.

Muchas personas al encontrarse en un empleo tormentoso no tienen calidad de vida, les cuesta darse ánimo y sobre todo no andan de buen humor. En esta sección le indicaré una serie de pasos que puede seguir para que se sienta mejor y más relajado fuera de su jornada de trabajo.

1. Sonría: Acuérdese que sonreír es una de las cualidades más importante del ser humano. Sonreír y reír nos brinda bienestar y alegría. Además transmite impulsos nerviosos desde los músculos faciales hasta el sistema límbico, centro emocional del cerebro. Es el lugar clave donde nace la sensación de calma y serenidad.

2. Lea un buen libro: Los libros siempre nos dan enseñanza, claves e ideas para aplicarla en nuestras vidas. Yo recomiendo el libro ¿Quién se ha llevado mi queso? de Spencer Johnson.

3. Respire profundamente: Aunque usted no lo crea muchas personas no respiran o mejor dicho no saben respirar, viven agitadas y no se toman el tiempo de inspirar el aire, retenerlo y expulsarlo de manera natural. Respirar bien es sinónimo de salud.

4. Duerma una siesta: Siempre es bueno tomar una siesta durante el día, de por lo menos 15 minutos. Recuerde el dicho que dice: "el que duerme dos horas en el día gana un año más en su vida y el que se trasnocha un día pierde dos años de su vida"

5. Vaya a la playa o la montaña: Estos lugares son perfectos para relajarse, pensar y disfrutar y están totalmente alejados de la ciudad.

6. Tómese un fin de semana para usted y su familia: Puede quedarse en casa viendo películas, jugando en familia, preparar una buena comida o sencillamente dormir durante el día y realizar cualquier actividad que lo entretenga (nada de trabajo) o puede irse de paseo a un parque, a una piscina, al cine, al teatro, a un restaurant o al sitio que usted prefiera.

7. Medite: la meditación nos libera del estrés diario, relaja el cuerpo y fortaleza la mente, cuando domine el arte de meditar usted estará en la capacidad de resolver cualquier problema.

8. Escuche música: La música está presente en nuestras vidas. Escoja las canciones de su preferencia, escúchelas solo o en compañía y disfrute de sus melodías.

9. Camine: Con tan solo caminar un kilometro usted estará ejercitando su cuerpo y respirando mejor

10. Haga ejercicios: Un cuerpo ejercitado es un cuerpo fortalecido y sano. Realice una rutina que no lo deje agotado y que le deje una gran satisfacción.

11. Dese una ducha caliente: Es bueno hacerlo durante la noche para que duerma fresco y relajado.

12. Tómese una taza de té: El té lo ayudará a relajarse, a aliviarse del estrés y es posible que le induzca al sueño.

13. Realice actividades de entretenimiento o juegos: Puede jugar en familia o con amigos juegos de mesa (dominó, ajedrez, etc.) o hacer deporte.

14. La importancia de la sexualidad: Uno de los mejores ejercicios para aumentar los niveles de endorfinas es el sexo. Sitúalo en los primeros puestos de tu lista de prioridades y conseguirás que las endorfinas se conviertan en tus aliadas a la hora de relajarte.

15. Dese un masaje: El masaje libera tensiones. Lo ayudare a mantenerse relajado y además a disfrutar de los alores de las distintas lociones que se aplican en el cuerpo para que se sienta libre y tranquilo.

16. Tenga una alimentación balanceada: Recuerde que comer sano lo mantendrá en su peso ideal, lo tendrá de buen humor y de salud confortable.

17. Disfrute del aire libre. Aunque suene atípico, la pureza del aire libre ayuda a respirar más profundamente, por lo que un paseo ligero contribuye a mejorar la circulación y la forma física. Así mismo, la luz del sol y los paisajes naturales previenen la depresión.

18. Cultive amistades: Algunos lo llaman red de influencia. De esta forma usted pueda intercambiar ideas y opiniones.

19. Vaya al cine o al teatro: Dos sitios de esparcimientos muy buenos para relajarse y estar desconectado del estrés, además se relajan los músculos y usted disfrute de un gran tema ya sea viendo un film o una obra.

20. Realice trabajos voluntarios: Puede ofrecerse como bombero, instructor, scout, guía turístico, asesor de manera voluntaria y hacer tareas que lo mantengan entretenido durante los fines de semana. Usted se estará divirtiendo haciendo lo que le gusta y estará colaborando con la comunidad.

21. Cante: Usted puede ir a un karaoke con sus amigos o familiares y cantar una canción que le guste y entretenerse o también lo puede hacer en casa.

22. Cocine en casa: Puede ponerse de acuerdo con su pareja y realizar una comida entre ambos o reunirse con amigos preparar una suculenta parrilla.

23. Coleccione objetos: Usted puede reunir chapas, latas, botellas o lo que usted desee y después cambiarlas o subastarlas o tenerlas en casa y disfrutar de los distintos diseños y estilos.

24. Juegue con su mascota o compre una: Una mascota nos divierte entretiene y nos mantiene felices.

25. Haga cualquier actividad que lo mantenga relajado, que a usted le guste o que lo mantenga entretenido.

Empleos Tormentosos   Ismael Bello

Notas Finales.

Recuerde que todo no está perdido, usted tiene la posibilidad de salir adelante solo o acompañado, si algo no le sale bien no se sienta defraudado o incapacitado, piense en las cosas que aquí se escribieron que pueden estar afectando su vida y las que se escribieron que pueden ayudarlo a salir de su situación.

Una gran parte de las personas no avanzan por miedo al fracaso, al rechazo y a las opiniones de los demás. "Usted es el ser más importante, más inteligente y más capaz sobre la tierra". Usted es el único que puede salir de su empleo tormentoso (solo o con ayuda), siempre la decisión es suya.

Lea de nuevo el libro, enfóquese en los puntos que tienen que ver con usted, busque asesoría e información con expertos en el área y lo más importante no espere para mañana ¡actúe ya!

El hoy es lo importante; el ayer quedó en el pasado. Mire el pasado para corregir, el futuro para proyectarse y el presente para actuar.

Espero que haya entendido el mensaje, que haya comprendido su lectura y que saque el mayor provecho posible.

Un fuerte abrazo.

Ismael Bello.

Para sugerencias y comentarios de este libro:

E - Mail: ismael828@gmail.com

Twiter: @ismaelbello

Facebook:
https://www.facebook.com/ismaelbello.527

Instagram: @ismaelbello1

Empleos Tormentosos   Ismael Bello

Bibliografía.

ARNOTT, Dave. El Culto a la Empresa. Editorial Paidos. Buenos Aires: 2002. P.P 272.

Universidad Católica de Chile. Estudio de OSI, 2004.

Enciclopedia de Salud y Seguridad en el Trabajo.

http://www.geosalud.com

http://www.ucm.es/info/seas

http://www.mtas.es

Empleos Tormentosos   Ismael Bello

Acerca del Autor.

Ismael Bello es docente, director de la empresa Corporación Tisem 2000 CA, locutor, productor de radio, director audiovisual y escritor. Es aficionado del deporte, de la música y la buena comida. Ha realizado diferentes escritos para distintos medios entre ellos: periódico y radio.

"Empleos Tormentosos " ha sido el libro con el que empezó este camino de la escritura, por todo lo que le sucedió en el trabajo cuando laboraba como empleado en una empresa de servicios. El libro que complementa a éste es "Empresas Sectarias" que se escribieron en paralelo.

Siempre le ha gustado la libertad, por eso piensa que este libro es muy importante para ti, tanto en el ámbito personal como profesional.

En palabras de Ismael: "No dejes que nadie controle tu vida, hazlo desde hoy y sé libre".

Empleos Tormentosos   Ismael Bello

Otros libros del mismo autor:

"Empresas Sectarias" ¿Trabaja usted en una de ellas?

Empleos Tormentosos	Ismael Bello

www.ingramcontent.com/pod-product-compliance
Lightning Source LLC
Chambersburg PA
CBHW030017190526
45157CB00016B/3067